AF248012

RECIT

VERITABLE

de l'affairre du

Sr. DE LABADIE,

Et les raisons pourquoy le
Synode des Eglises Walon-
nes tenu a Flessingue
le 8 Avril 1668,
a toleré les calomnies
d'iceluy.

RECIT

VERITABLE

de l'affairre du

Sᵗ DE LABADIE,

Traictée en Avril 1668, dans le Synode des Eglises Walonnes tenu a Fleſſingue.

MONSIEUR,

Si vous eſtes dans l'impatience de ſçavoir ce qui c'eſt paſſé à Fleſſingues au faict du ſieur de LABADIE; je n'y ſuis pas moins, de vous dire ce que j'en ay pû apprendre de ceux que j'ay crû eſtre ſes meilleurs amis; moins preoccupez de paſſions contre ce perſonnage, & plus capables de me faire entendre les choſes ſans deguiſement, ou s'il y en a, c'eſt pluſtoſt du bon

A 2

coſté

cofté qui eft celuy de la douceur que
de l'autre, qui peut eftre appelé celuy de la violence. D'abord vous
faurez que le mefpris que le dit Sieur
avoit faict de tous les ordres des
Synodes & des Claffes; l'Indepen-
dentifme qu'il avoit fortement efta-
bly dans fon traitté de faifon & dans
les plaintes apologetiques de fon E-
glife, & fur tout les horribles calomnies dont il avoit chargé les Synodes & les Claffes, & tres-indi-
gnement plusjeurs des particuliers
qui compofoient les dites Affem-
blées, l'avoient tellement allarmé,
que redargué par fa confçience, il
avoit efcrit des lettres circulaires à
tous fes Adorateurs dans les Eglifes Flamandes, afin qu'ils fiffent des
prieres publiques dans leurs temples
pour luy, à ce qu'il peût eviter le
naufrage dont il crojoit eftre me-
nacé par la tempefte qu'il crojoit
luy pendre fur la tefte; mais il fut
extrememement furpris trouvant l'af-

fem-

femblée Synodale toute difpofée à luy tendre les bras de fa charité & de fa bienveuillance, & à mettre fous les pieds tous fes emportements, toutes fes violences & toutes fes calomnies; pourveu qu'il en tefmoignât quelque defplaifir, & qu'il ne relevât point toutes fes opinions foit nouvelles foit erronées, pourveu qu'il promit de s'en taire. Ce perfonnage, qui ne s'eftoit point attendu à cette douceur, voyant qu'à l'ouverture du Synode on le traictoit avec deference, & que fans avoir êgard à la fufpenfion de laquelle il avoit efté enveloppé, le 10 Decembre 1667, par la Claffe, on le fouffroit dans l'affemblée Synodale avec fes condeputez, (autant & plus coupables que luy,) fuft fi imprudent que d'en vouloir troubler le repos avant mefme qu'elle fut bien formée, & voyant que l'ouverture s'en alloit faire par vn perfonnage qu'il croioit n'eftre point de fes ad-

herens,

herens, parce que le Pasteur de l'E-
glise Synodale ne se portoit pas
bien : il prit une resolution assez
brusque, & qui seule en troubloit la
disposition : c'est qu'au lieu de join
dre ses vœux à la priere avec les
autres deputés des Eglises , il tascha
d'en arrester le cours, criant haute-
ment qu'il ne vouloit point avoir de
communion de priere avec cét
homme qui commençoit à la faire,
parce qu'il l'accusoit de plusjeurs
Heterodoxies , & voyant que le per-
sonnage priant , addressoit ses Paro-
les à Dieu tandis que le S. de Labadie crioit aux hommes , vaincu en fin
par la honte de passer pour un turbu-
lent & un brouillon, il se teut, en disant, *nous prirons chacun en nostre parti-*
culier. Nonobstant cét acte de violence qui meritoit qu'on le chassât de l'as
semblée, y ayant esté toleré a cause
de la lettre d'envoy de son Eglise qui
avoit esté leuë. Ses billets & ceux de
ses côdeputez pour faire un President
& un

& un Scribe, furent receüs avec ceux des autres , quoy qu'apres tous les autres, il fift grand bruiĉt fur ce qu'on vouloit contefter fa prefence dans l'affemblée , parce qu'l avoit efté fufpendu comme quelqu'uns le re-marquoient , luy fouftenant que par la lecture de fon nom dans la lettre de fon Eglife par les billets des Deputez de la ditte Eglife à con-tribuer à la creation du Prefident & du Scribe , & fur tout par les deman-des de fon advis fur quelques cho-fes propofés , il avoit efté *dependu* (c'eft fon propre mot) & relevé de la fufpenfion de la Claffe. Quoy que toutes ces conteftations peu edifiantes donnaffent jufte fujet à l'affemblée de le traitter comme un homme violent, & peu refpectueux, felon fes merites, & que fes opi-nions dangereufes & erronées , fon independantifme & les horribles calominiens dont il charheoit les E-glifes & leurs Pafteurs dans ces
A 4   livres

livres & fur tout dans une requeſte addrſſée à Meſſieurs les *Gecommit-teerde Raaden* (Deputez) de la Provinze de Zelande , & dont vous avez la copie à la fin de ce Recit , l'obligeaſſent à approuver la ſuſpenſion de la Claſſe & à la continuer juſques à ce qu'il fuſt retonrné à ſon bon ſens. Cependant ſes bons freres Walons, pour juſtifier que c'eſt à tort qu'on les taxe d'eſtre envieux, & jaloux des beaux talens que Dieu donne aux autres , & de ce que la pieté & la ſainteté du Sr Labadie leur faiƈt ombre , au lieu de prendre la voye de la rigueur & de la juſtice , dans la quelle ledit Labadie les entraînoit, luy propoſerent celle de la douceur , & de l'accomodement qu'il accepta ſans beaucoup de peine , ſachant que par ce moyen ſa ſuſpenſion demeureroit accrochée, & ſans examen , & que le Synode ne preſſeroit point ſon droit, comme autrement il pouvoit

voit faire, parce qu'il ne vouloit cho-
quer le Venerable Magiſtrat de
iddelbourg qui dans ceſte ſuſpenſion s'eſtoit montré un peu trop par-
cial pour le Sr. de Labadie.

Comme on eſtoit dans la recher-
che de ces voyes d'accomodement,
les Seigneurs Eſtats de la Province
de Zelande ſe trouvants aſſemblez
en meſme temps que le Synode Walon, & ſouhaittant de profiter de
ceſte conjonĉture des temps pour
aſſoupir les bruits qu'ils ſçavoient
eſtre dans leur Province, deputerent
de leur villes chacun un Deputé,
pour conferer avec les deputez du
Synode, des moyens d'accomoder
es differents qui eſtoient dans l'E-
gliſe Walonne de Middelbourg, &
par incident du ſieur de Labadie &
de ſon Conſiſtoire avec le Synode
des Egliſes Walonnes. En meſme
temps le Synode deputa quatre perſonnes de ſon corps, pour faire ci-
vilité aux dits Seigneurs Eſtats de

la part du Synode, puis qu'il avoit la liberté de s'assembler dans les lieux de leur obeyssance, & ce furent les deputez qui firent rapport à l'assemblée de l'intention des dits Seigneurs Estats, sur quoy ayant voulu deliberer en l'absence du Sieur de Labadie, parce qu'il s'agissoit de son affaire, & luy ayant, à son ordinaire refusé d'abord de sortir, oyant en suite qu'il y avoit lettre d'Estat à l'assemblée, sur laquelle il falloit deliberer en son absence, il sortit avec ses deux Anciens, en disant trois ou quatre fois, *nous sommes trop exacts observateurs des ordres des puissances superieures politiques pour empescher par nostre presence les deliberations qui se doivent faire sur leur lettres.*

L'assséblée se voyant en liberté deputa cinq Pasteurs & deux Anciens de son Corps, lesquels s'estants transportez à Middelbourg à diverses reprises & en divers téps, s'enrevindt ét enfin ils convinrét avec Messieurs les
Deputés

Deputez des Eſtats de Zelande que les dits Seigneurs deputez, & eux, mettroyent ſur le papier quelques articles pour projet d'accomodement, & pour voir ſi l'on pourroit la deſſus pacifier les troubles. La choſe ayant eſté propoſée au Synode on convint de certains articles, qui depuis furent acceptez par leſdicts Seigneurs Eſtats & qui ſe trouveront icy inſerez de mot à mot. Les deputez du Synode eſtant retournez à Middelbourg chargez des Articles du project, trouverent que Meſſieurs les Deputez des Seigneurs Eſtats de Zelande, au lieu de leur propoſer les articles de l'accomodement qu'ils s'eſtoient engagez de faire, leur demanderent s'ils n'en avoient point de la part de l'aſſemblée Synodale, à quoy les dits deputés du Synode ayant dit franchement qu'ouy, & meſme les leurs ayant exhibé, les dits Seigneurs Deputez le prirent, pour en faire rapport aux dits Sei-

gneurs

gneurs Eſtats, & il s'eſt trouvé que ce ſont ceux que les dits Seigneurs Eſtats ont choiſis pour en faire le projeƈt d'accommodement en ayant ſeulement un peu changé l'ordre.

Or comme ce n'eſt qu'un projeƈt d'accomodement par lequel la puiſſance Souveraine de Zeelande, prie ceux qui ne ſont point ſes ſujets de ſe régler ſuivant le dit projeƈt d'accomodement, puis que ce ſont eux qui en ont propoſé les articles, & qui les ont donné par leur deputez, aux deputez deſdits Seigneurs Eſtats; & commandé à ceux qui ſont ſous ſon obeyſſance de ſe ſoumettre au dit accomodement & de s'y aſſujettir ponƈtuellement à tous les articles, autoriſant, pour cet effeƈt, les Seigneurs *Gecommitteerde Raaden* de la Province de Zeelande, de tenir la main à l'execution des dits Articles en cas que quelque un de leur ſujeƈts voulùt faire quelque difficulté de les reçevoir & de s'y conformer.

Auſſi

Aussi le Synode Walon y a il eu tel
egard qu'il devoit, & s'y est accomo-
dé comme à uue chose qu'il avoit
aidé à conserter, parce que peut-estre
on pourroit dire que les dits Seigneurs Estats ont empieté, en se fai-
sant, un droit qui ne leur appartient
point, en donnant des ordres à tout
un Synode dans lequel il n'ont que
quatre Eglises, qui les reconnoissent
pour Souverains. l'apprend de bon-
ne part que l'assemblée synodale s'est
bien gardée de reçevoir ce project
comme un ordre d'un Souverain en
son egard, Elle la bien reçeu comme
un caveçon de Souverain pour les
Sr. de Labadie, du Moulin & le Consistoire de Middelbourg; mais elle
l'a reçeu pour elle comme un project d'accomodement, sur lequel
elle s'est reservée le droit de juger,
& de l'ordre dans l'execution & des
mots dans l'explication, ce qui se
voit, parce qu'elle enjoint au Sr. Labadie de se reconcilier avec le Sr. de

A 7

Mou-

Moulin en vertu du 7. Article avant
que l'on touche à aucun des autres,
& qu'elle ne veut reçevoir le mot de
Caſſer : dans l'article 4. qu'avecq
ceſte modification *en vertu de l'accomodement* : afin que Labadie n'aye
point ſujet de dire que ſes calomnies
& ſes opinions erronées ont eſté du
pair avec les articles du Synode :
parce que les ſiennes ſont tenuës
pour nulles, les autres caſſées à jamais ; car les ſienes ſont annulées, par
ce qu'elles ſont mauvaiſes, mais les
articles marquez, qu'oy qu'ils ſoyent bons & tres-bien fondez, parce
que les bons Walons ont cerché la
paix, & ont pardonné audit Sr.¹ de
Labadie ſes ſaillies & l'ont eſpargné,
dans l'eſperance qu'il vivra en paix
& employera les beaux dons que
Dieu luy a donné pour la gloire de
ce grand maiſtre, & ne péchera plus
deſormais de peur que pis ne luy
advienne. Comme les humeurs ſont
differentes, auſſi les articles du project

jeƈt d'accomodement font reçeus diverfement, les uns croyent que le Synode a efté trop mol, & a trop enduré, & qu'il devoit avoir montré plus de vigueur, les autres au contraire, ne peuvent affez loüer la moderation de l'affemblée, & on dit mefme que Meffieurs les Eftas de Zeelande ont efté de ce fentiment, & que leur Deputez en ont parlé en ces termes à quelques uns des deputez du Synode Walon, vous fçavés qu'il eft impoffible de contenter tout le Monde. Tant y a que ce perfonnage qui avoit tant protefté de ne figner jamais la Confeffion des Eglifes Walonnes, promet de le faire avec les autres, luy qui avoit vilipendé les ordres des Synodes & des Claffes, & qui donnoit toute la jurifdiction aux Eglifes en particulier, reconnoit la fuperiorité & l'authorité des Synodes fur les Claffes, & des Claffes fur les Confiftoires, & promet de fe foumettre comme membre

de

de l'Eglise aux ordres de la Discipline
Ecclesiastique suivant le Synode de
Dordrecht.

Cét homme, qui avoit rempli le
monde de ses calomnies, taxé les as-
semblées synodales de tyrannie &
d'usurpation des droits des politiques, est contraint par les politiques mesmes à declarer & à recon-
noistre qu'il a tres mal fait, & à tesmoigner qu'il a bien du desplaisir
d'en avoir usé de la sorte, & qu'il re-
cognoit gens d'honneur les person-
nes, que luy & son consistoire ont
taxé dans leur libelles diffamatoires,
ils sont obligés à leur en faire aman-
de honorable, comme l'article 3.
les y oblige : Il est bien vray que la
dessus l'assemblé leve la suspension,
& ne se veut jamais souvenir des articles que ses saillies & emportement
avoyent produis. Mais cela à esté
donné à la paix & il n'est pas dit
que le Synode en doive tesmoigner
aucun desplaisir.

                              Cét

Cét homme, qui dans la chaire avoit crié, *je jure Dieu que l'on me couperoit pluftoft la langue que de ne point annoncer la doctrine du Regne Glorieux de Jefus Chrift en terre*, fouffre qu'on luy ferme la bouche là deffus, & qu'on l'oblige à en eftre *le heraut muet*, promettant de s'abftenir de prefcher ou debiter de bouche ou par efcrit cefte doctrine qu'il a crû fi importante, & dans la Meditation de laquelle il dit aux Synode d'Amfterdam, à ce qu'on m'a dit, qu'il avoit trouvé l'une des plus folides de fes confolations dans une maladie tres-dangereufe qu'il avoit eû à Middelbourg, & qu'il croyoit eftre mortelle. Enfin cét homme, qui eftoit altier dans fes fentiments, inflexible dans fes refolutions, qui ne vouloit foumettre ni fes livres ni fa perfonne au Synode, qui avoit tant de fois protefté qu'il ne recevroit jamais le Sieur Henry du Moulin pour fon collegue, a flefchi & s'eft furmonté

foy,

soy mesme pour faire ce que l'Estat
& le Synode luy ont enjoint, il ne fera plus rien imprimer sans commu-
nication, il a reçeu le Sieur du Moulin pour Collegue avec toute la douceur possible, il s'est reconcilié avec
tous ses freres, & leur a promis de
faire plus pour la paix qu'on ne peut
attendre de luy. Voyla, à peu pres,
l'estat auquel sont ses affaires, selon
ce que s'en ay peu apprendre de ceux
qui ont esté au Synode Walon. Voyla le sujet pourquoy les calomnis
du S$_r$ Labadie sont sans repartie, le
Synode & les Pasteurs taxez ayant
donné le tout à la Paix. Le temps
nous fera voir si les choses seront de
tenuë, & si le paix renduë à l'Eglise
de Middelbourg sera de durée. Le
Seigneur le veuille & y espande sa
S. benediction ; je vous recommande
à la parole de sa Grace & suis

A Rotterdam le
28 May, 1668.   *Vôtre obeyssant*

C.D.R.

COPIE

DE LA REQUSTE

Que le Confiftoire de l'Eglife Walonne de Middelbourg a prefenté contre le Syno-de des Eglifes Walonnes qui fe devoit affembler a Fleffin-gues le 18. d'Avril 1668.

Aux Nobles & puiffants Seigneurs Mef-feigneurs les DEPUTEZ CON-SEILIERS *des tres-nobles &* puiffants ESTATS DE ZEE-LANDE.

LE Confiftoire de l'Eglife Walonne de Middel-bourg reprefente avec le refpect & la reverence duë. Comment luy & la ditte Eglife fe font trouvez fort grevez depuis

deux

long temps , & notamment depuis
deux ans en ça, de plusieurs actes &
Articles fabriquez par le Synode
Walon de ces Provinces, comme il
paroit par les lettres envoyées à toutes les Eglises par les dits suppliants,
& par d'autres pieces autentiques
cy joinctes : & notamment par un
certain escrit, intitulé *Plaintes Apologetiques* ; que les dits suppliants font
obligez de presenter au Synode, qui
se doibt assembler à Flessingues le
18. de ce mois d'Avril. De quoy aussi
ils ont desia envoyé copie à toutes
les Eglises Walonnes ; on montre
clairement la dedans que les dits Synodes Walons ont formé plusieurs
articles , & resolutions ; non seule-
ment sans parole de Dieu , mais aussi
plusieurs qui y repugnent directe-
ment , & qui sont contraires aux
reglements des Apostres & des Anciens Synodes , à la discipline ecclesiastique de ces Provinces, au Synode de Dordrecht , & aux loix Synodales

dales approuvées par Messieurs les Estats de Zeelande, & establies en la presence des Commissaires ; qui au nom des dits Seigneurs Estats en ont esté comme les garands ; en un mot repugnans à toute sorte de Justice ; & à la liberté Evangelique, dequoy ceste pauvre Eglise, sur tout, s'est trouvée si fort grevée, que la chose luy semble tout à faict insupportable, & ne veut ni ne peut souffrir plus longtemps le joug que l'on veut imposer aux consciences, parce qu'elle craint, & non sans raison, que cela n'ouvre la porte aux traditions humaines, à l'usurpation d'une authorité souveraine sur les consciences pour les opprimer. C'est pourquoy les suppliants requerent avec autant d'affection que de respect & soubmission, Vos N. & PP. Seigneuries, qu'il leur plaise d'avoir tel égard à tous ces desordres, & à la violente domination sur les heritages du Seigneur; qui defend bien expressement ceste usurpation de l'au-

thórité abſoluë, que le Synode Walon ſe veut attribuer au prejudice
des droicts des politiques; & ce
joug inſupportable qu'il veut im-
poſer aux Egliſes, aux conſiſtoires, & aux conſciences de tout
ceux qui en les ſont membres, que
les droicts & la juſtice des affaires
de ceſte Egliſe & du Conſiſtoire en
particulier ſoyent pris en leur favo-
rable protection. Et d'autant que
le grand abus de ceſte authorité &
liberté, que le dit Synode Walon
s'arroge de tout diriger à ſa fan-
taſie, ſans fonder aucune de ſes re-
ſolutions ſur la parole de Dieu,
vient, ſans doute, de ce qu'il ny
a point dans leur aſſemblée de Magiſtrat Souverain, ou de Commiſ-
ſaire d'Eſtat, pour eſtre tout au
moins les inſpecteurs, & les teſ-
moins de ce que s'y paſſe, & de
ce que ces Meſſieurs y diſent, &
font comme il leur plait, & comme des Souverains abſolus, parce
qu'il

qu'il ny a personne pour les retenir en bride, & qu'ils ne doibvent rendre conte à personne de leur faict. Pour toutes ces raisons & plusieurs autres, que les suppliants sont tout prests de mettre en avant, suplians en toute humilité vos N. & P. Seigneuries, que puisque le Synode se va tenir dans cette Province, qui est de la jurisdiction de vos N. & P. Seigneuries, il leur plaise de deputer des Commissaires de leur Illustre assemblée, pour assister aux prochain Synode à Flessingue, & munir du pouvoir & d'authorité necessaire, pour empescher que nous ny soyons accablez, comme l'on nous en menace, & comme d'autres Synodes l'ont desja faict cy devant. Et ce d'autant plus que les sentences des Synodes Walons sont sans appel jusqu'à un Synode National qui n'est pas en estat ny en apparence de s'assembler, non plus qu'aucune autre assemblée Ec-clesia-

cleſiaſtique, ou d'Eccleſiaſtiques &
Politiques (enſemble, auſquelles les
perſonnes grevées ſe pourroient ad-
dreſſer pour y propoſer leurs griefs.
Quoy faiſant, &c.

ARTI-

ARTICLES
DU PROJECT

D'accomodement , propofez par le Synode Walon, aux Deputez des Eftats de Zelande , & approuvez par lesdits Seigneurs Eftats, pour affoupir tous les bruits de l'Eglife Walonné de Middelbourg.

Extraict des Notules des tres-nobles Seigneurs Eftats de Zelande le 25 April 1668.

LE Confeiller Penfionaire a faict un rapport exact & ponctuel au nom de Meffieurs les Deputez, pour les affaires du Synode Walon affemblé à Fleffingues, auffi bien que pour celles de l'Eglife Walonne de cette ville de Middelbourg, & a donné

B à conà connoiftre les foins & les peines qu'ils ont employé pour affoupir tous les differents & eftoufer toutes les difputes, mentionées tout au long dans les notules du 19. de ce mois courant, en quoy ils avoyent fi bien reüffi que les parties refpectives avoient acquiefcé à certain Concept d'accomodement inferé icy de mot à mot, & s'y eftoient en fin foumis.

I.

Que le Sieur de Labadie Pafteur de l'Eglife Walonne de Middelbourg reconnoiftra la confeffion de foy reveuë par le Synode national de Dordrecht, felon la nouvelle edition que le Synode Walon dernierement tenu à Leyden a fait publier & ranger en deux colomnes, dont l'une contient la ditte Confeffion reveuë, & l'autre l'exemplaire Walon, & que par confequent il fignera de fa main la colomne contenant la ditte confeffion reveuë.

Le

II.

Le dit Sieur de Labadie reconnoi-
ſtra auſſi l'authorité legitime des Synodes & Claſſes ſur les Conſiſtoires,
comme des Conſiſtoires ſur les membres particuliers, auſquels tous les
Paſteurs, Anciens & Diacres, & tout
les Membres de l'Egliſe ſont obligez de ſe ſoumettre ſelon la diſcipli-
ne eccleſiaſtique du Synode de Dordrecht.

III.

Puis que le Synode & pluſieurs
membres ſe trouvent offenſez par
divers eſcrits du Sieur de Labadie,
publiez tant ſous le nom & par ordre du Conſiſtoire, qu'en ſon particulier, ils ſeront obligez de les tenir pour nuls, & de teſmoigner là
deſſus audit Synode & membres leur
deplaiſir.

IV.

Comme d'autre part les reſolu-
tions & decrets du Synode pris
contre le Conſiſtoire Walon de

      Mid-

Middelbourg & contre le dit Sieur
de Labadie, & particulierement qui
touchent sa suspension provisionelle-
ment executée par la Classe tenuë
à Middelbourg le 10. Octobre 1667.
seront entierement levez, de sorte
que les dits escrit, resolutions &
decrets demeureront cassez à jamais.

V.

Le Sieur de Labadie s'abstiendra
de prescher ou debiter par escrit ou
de bouche le dogme du Regne glorieux de Jesus Christ en terre, selon le sentiment du Synode, qui
d'autre part sera obligé d'examiner
ces escrits touchant ceste matiere,
& particulierement le livre appelé
le heraut du grand Roy Jesus, au plus-
tost que faire se peut, & s'il s'y
trouvent quelques scrupules ou er-
reurs de les luy montrer & d'entendre là dessus ses explications & de-
fences selon le debvoir dudit Synode, qui est generalement obligé d'examiner

miner tous autres eſcrits de leur membres de qui que ce ſoit touchant la
Theologie, afin que ne ſoyent pu-
bliées & encore moins tollerées, des
opinions erronées, par leſquelles les
regles & fondements de la foy ou
l'authorité & la reverence de l'Eſcri-
ture ſainte pourroient eſtre prejudi-
ciées ou b eſlées.

VI.

Quand le Sieur de Labadie ou
quelque autre Miniſtre Walon dans
la Province de Zelande veulent publier ou mettre au jour quelque
traittez en Theologie de quelque
matiere que ce ſoit, ſeront d'oresnavant obligés de demander, là deſſus,
octroy de Meſſieurs les Eſtats de la
ditte Province, qui en ſuitte de cela
prendront ſur les dits traitrés preal-
lable advis du Synode Walon ou
autre, devant que de donner permiſ-
ſion de les imprimer.

VII.

VII.

Puisque les disputes & differents esmeus entre les Membres du Consistoire Walon de Middelbourg, qui ont duré quelque temps, peuvent mieux estre terminez de l'amiable que par rigueur, le Sr. du Moulin fera, pour ceste fin, de sa part, avec un repenti convenable du passé, ses soubmissions au dit Consistoire, & tesmoignera en particulier la deference qu'il doit avoir pour la personne du Sieur de Labadie. Le dit Consistoire d'autre part, tiendra le dit Sieur du Moulin pour son Ministre & Pasteur comme il a esté cy-devant, & le Sieur de Labadie le reconnoistra pour son collegue & vivront d'oresnavant ensemble comme des freres & membres d'un mesme corps, condamnans au feu d'un eternel oubli tous les factums & escrits dont il se sont servi l'un contre l'autre, cependant s'il se presente quelque occasion & qu'on la puisse

faire.

faire naiſtre commodement, on tra-
vaillera avec application, afin que le
dit Sieur du Moulin ſoit appellé dans
quelque autre Egliſe.

VIII.

Si d'aventure (ce que Dieu ne
veuille pas) il ſe pourroit lever à
l'advenir quelques nouvelles conte-
ſtations, il ne ſera pas permis de les
publier par eſcrit, & encore moins
de les faire imprimer, mais de les
traitter avec raiſon & douceur, dans
les Conſiſtoires, Claſſes ou Synodes, ſelon que les affaires requie-
ront.

IX.

Sur quoy apres une ſerieuſe &
reiterée deliberation ſur le dit concept d'accomodement, Meſſieurs
les Deputez des Seigneurs Eſtats ont
eſté remercié de leur peines; & puis
on a trouvé bon tout d'une voix
d'approuver ledit concept d'accomodement, comme leſdits Seigneurs
Eſtats l'approuvent en tous ſes
points

points par cette, avec priere & in-
jonction tant à ceux dudit Synode
qu'à ceux de laditte Eglise, & qui y
font les plus interessez, & speciale-
ment à ceux qui y font nommez,
qu'ils ayent à s'y conformer fidelle-
ment & avec candeur, fans s'en
eloigner en aucune maniere, & Mes-
fieurs les Deputez Conseillers font
chargez, en l'absence de cefte affemblée des Eftats, de tenir la main, en
cas de neceffité, à l'execution de
cefte refolutions, puis que les dits
Seigneurs Eftats jugent, comme des
Magiftrats Chreftiens & Pieux, que
l'obfervation ponctuelle de la ditte
refolution eft neceffaire pour la con-
fervation & maintenuë des ordres
falutaires & de la difcipline eccle-
fiaftique, auffi bien que pour le repos & edification de l'Eglife Walonne de Middelbourg, & l'extraict
de cefte refolution fera envoyé non
feulement au fufdit Synode Walon,
mais auffi à l'Eglife de Middelbourg
& aux

& aux Pasteurs de Labadie & du Moulin, afin que chacun deux respectivement ait à s'y conformer.

Cecy s'accorde avec les dittes Notules
Justus de Huybert.

Utrecht ce 29. May.

FIN.